AF188985

Impressum
Verlag: BABADADA GmbH, Nedderfeld 112 , 22529 Hamburg
Geschäftsführer / Verlagsleitung: Harald Hof
Druck: Books on Demand GmbH, In de Tarpen 42, 22848 Norderstedt

Imprint
Publisher: BABADADA GmbH, Nedderfeld 112 , 22529 Hamburg, Germany
Managing Director / Publishing direction: Harald Hof
Print: Books on Demand GmbH, In de Tarpen 42, 22848 Norderstedt, Germany

Šola
škola

Razred
učiona

Deljenje
deliti

186/2

Tabla
ploča

Šolsko dvorišče
školsko dvorište

Učitelj
nastavnik

Papir
papir

Pisati
pisati

Pisalo
hemijska olovka

Pisalna miza
pisaći stol

Ravnilo
lenjir

Knjiga
knjiga

Učenec
učenik

Šolska torba
torba

Peresnica
pernica

Svinčnik
grafitna olovka

Šilček
šiljilo za olovke

Radirka
gumica za brisanje

Risalni blok
blok za crtanje

Risba

crtež

Čopič

kist

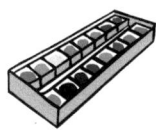

Vodene barvice

kutija sa bojama

Škarje

makaze

Lepilo

lepilo

Zvezek

beležnica

Domača naloga

domaći zadatak

12

Število

broj

2+2

Seštevanje

sabirati

5-2

Odštevanje

oduzimati

2×2

Množenje

množiti

Računanje

računati

A

Črka

slovo

ABCDEFG
HIJKLMN
OPQRSTU
VWXYZ

Abeceda

abeceda

Beseda

reč

Besedilo

tekst

Brati

čitati

Kreda

kreda

Učna ura

čas

Redovalnica

dnevnik

Preizkus znanja

ispit

Spričevalo

svedočanstvo

Šolska uniforma

školska uniforma

Izobrazba

obrazovanje

Enciklopedija

leksikon

Univerza

univerzitet

Mikroskop

mikroskop

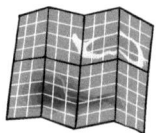

Zemljevid

karta

Koš za smeti

košara za papir

Šola - škola

Hotel
hotel

Hostel
prenoćište

ROOMS

EXCHANGE

Menjalnica
menjačnica

Kovček
kofer

Avtomobil
auto

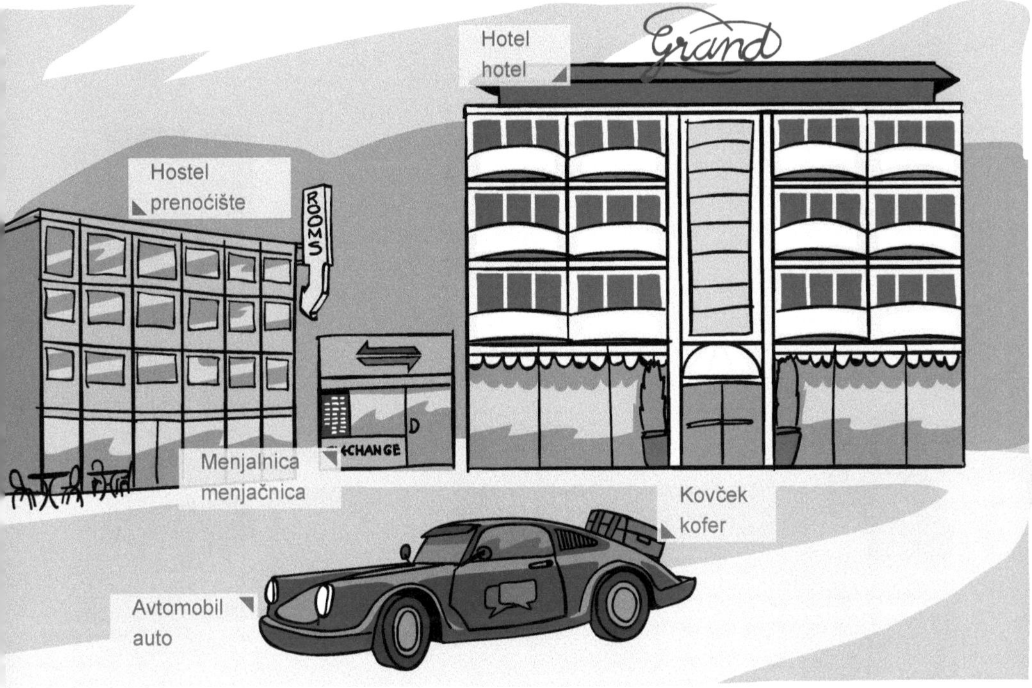

Jezik

jezik

da / ne

da / ne

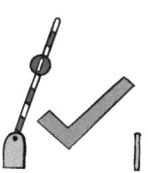

Prav

okej

Pozdravljeni

zdravo

Prevajalec

prevodilac

Hvala

hvala

Koliko stane...?

Koliko košta...?

Ne razumem

ne razumem

Težava

problem

Dober večer!

dobro veče!

Dobro jutro!

Dobro jutro!

Lahko noč!

Laku noć!

Nasvidenje

doviđenja

Smer

smer

Prtljaga

prtljaga

Torba

torba

Nahrbtnik

ruksak

Gost

gost

Soba

soba

Spalna vreča

vreća za spavanje

Šotor

šator

Turistične informacije

turističke informacije

Plaža

plaža

Kreditna kartica

kreditna kartica

Zajtrk

doručak

Kosilo

ručak

Večerja

večera

Vozovnica

karta za vožnju

Dvigalo

lift

Znamka

poštanska markica

Meja

granica

Carina

carina

Veleposlaništvo

ambasada

Vizum

viza

Potni list

pasoš

Prevoz
transport

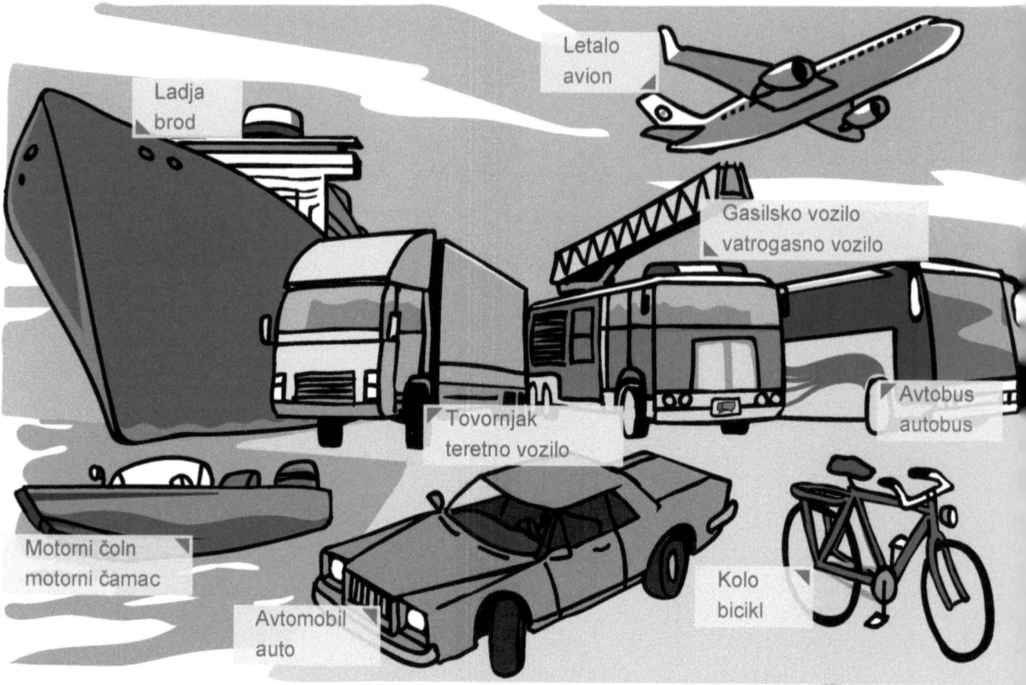

Letalo
avion
Ladja
brod
Gasilsko vozilo
vatrogasno vozilo
Avtobus
autobus
Tovornjak
teretno vozilo
Motorni čoln
motorni čamac
Kolo
bicikl
Avtomobil
auto

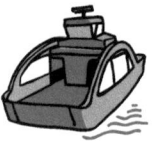

Trajekt

trajekt

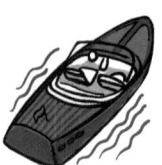

Čoln

čamac

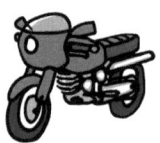

Motorno kolo

motocikl

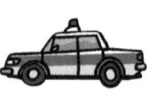

Policijski avto

policijski auto

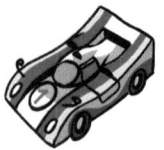

Dirkalni avto

trkaći auto

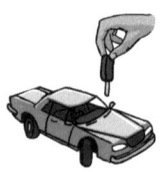

Najeto vozilo

iznajmljeno auto

Souporaba avtomobila

delenje automobila

Avtovleka

vučno vozilo

Smetarsko vozilo

vozilo za odvoz smeća

Motor

motor

Gorivo

benzin

Bencinska postaja

benzinska stanica

Prometni znak

saobraćajni znak

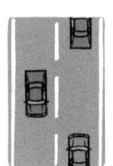

Promet

saobraćaj

Zastoj

zastoj

Parkirišče

parkiralište

Železniška postaja

železnička stanica

Tirnice

šine

Vlak

voz

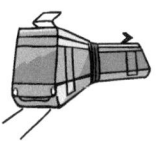

Tramvaj

tramvaj

Vagon

vagon

Helikopter

helikopter

Letališče

aerodrom

Stolp

kula

Potnik

putnik

Kontejner

kontejner

Karton

karton

Voziček

kolica

Košara

korpa

vzleteti / pristati

uzleteti / sleteti

Mesto
grad

Vas

selo

Mestno jedro

centar grada

Hiša

kuća

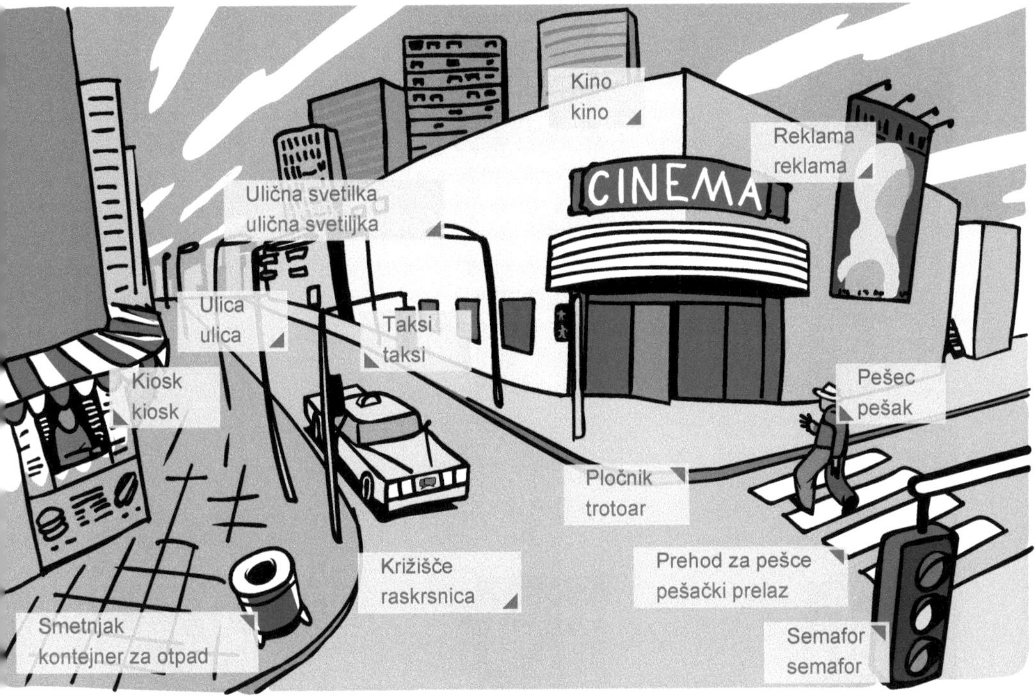

Kino
kino
Reklama
reklama
Ulična svetilka
ulična svetiljka
Ulica
ulica
Taksi
taksi
Kiosk
kiosk
Pešec
pešak
Pločnik
trotoar
Križišče
raskrsnica
Prehod za pešce
pešački prelaz
Smetnjak
kontejner za otpad
Semafor
semafor
CINEMA

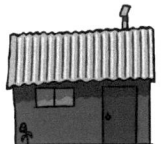

Koča
....
koliba

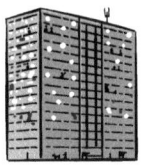

Stanovanje
....
stan

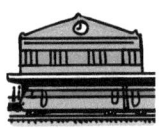

Železniška postaja
....
železnička stanica

Mestna hiša
....
većnica

MUSEUM

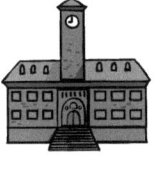

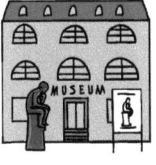

Muzej
....
muzej

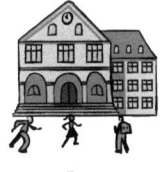

Šola
....
škola

Univerza

univerzitet

Banka

banka

Bolnišnica

bolnica

Hotel

hotel

Lekarna

apoteka

Pisarna

kancelarija

Knjigarna

knjižara

Trgovina

prodavnica

Cvetličarna

cvećara

Supermarket

supermarket

Tržnica

trg

Veleblagovnica

robna kuća

Ribarnica

ribarnica

Nakupovalno središče

trgovački centar

Pristanišče

luka

Park

park

Klop

klupa

Most

most

Stopnice

stepenice

Podzemna železnica

podzemna železnica

Predor

tunel

Avtobusno postajališče

autobuska stanica

Bar

bar

Restavracija

restoran

Poštni nabiralnik

poštansko sanduče

Ulična tabla

ulični znak

Parkirna ura

parkirni automat

Živalski vrt

zoološki vrt

Kopališče

bazen

Mošeja

džamija

Kmetija
....
seosko gazdinstvo

Onesnaževanje
....
zagađenje okoline

Pokopališče
....
groblje

Cerkev
....
crkva

Otroško igrišče
....
igralište

Tempelj
....
hram

Pokrajina
pejsaž

List
list

Kažipot
putokaz

Pot
put

Travnik
livada

Kamen
kamen

Pohodnik
šetač

Drevo
drvo

Reka
reka

Trava
trava

Cvetlica
cvijet

Dolina

dolina

Hrib

planina

Jezero

jezero

Gozd

šuma

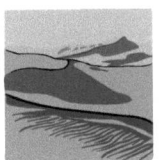

Puščava

pustinja

Vulkan

vulkan

Grad

dvorac

Mavrica

duga

Goba

gljiva

Palma

palma

Komar

moskito

Muha

muva

Mravlja

mrav

Čebela

pčela

Pajek

pauk

Hrošč

buba

Žaba

žaba

Veverica

veverica

Jež

jež

Zajec

zec

Sova

sova

Ptič

ptica

Labod

labud

Divji prašič

divlja svinja

Jelen

jelen

Los

los

Jez

nasip

Vetrnica

vetrenjača

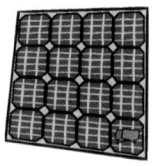

Solarna plošča

solarna ploča

Podnebje

klima

Natakar
konobar

Jedilnik
jelovnik

Stol
stolica

Juha
supa

Pica
pica

Pribor
pribor za jelo

Prt
stolnjak

Predjed
predjelo

Glavna jed
glavno jelo

Sladica
desert

Pijače
napitci

Hrana
jelo

Steklenica
flaša

Restavracija - restoran

17

Hitra hrana

brza hrana

Ulična hrana

imbis hrana

Čajnik

čajnik

Sladkornica

doza za šećer

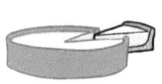

Porcija

porcija

Aparat za espresso

aparat za espresso

Stolček za hranjenje

visoka stolica

Račun

račun

Pladenj

poslužavnik

Nož

nož

Vilica

viljuška

Žlica

kašika

Čajna žlička

čajna kašika

Servieta

salveta

Kozarec

čaša

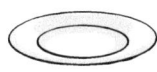

Krožnik

tanjir

Globoki krožnik

tanjir za supu

Krožniček

tanjirić

Omaka

sos

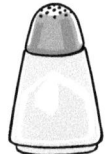

Solnica

soljenka

Mlinček za poper

mlin za biber

Kis

sirće

Olje

ulje

Začimbe

začini

Kečap

kečap

Gorčica

senf

Majoneza

majoneza

Supermarket
supermarket

Posebna ponudba
ponuda
FOR
Stranka
kupac
Mlečni izdelki
mlečni proizvodi
Sadje
voće
Nakupovalni voziček
kolica za kupovinu

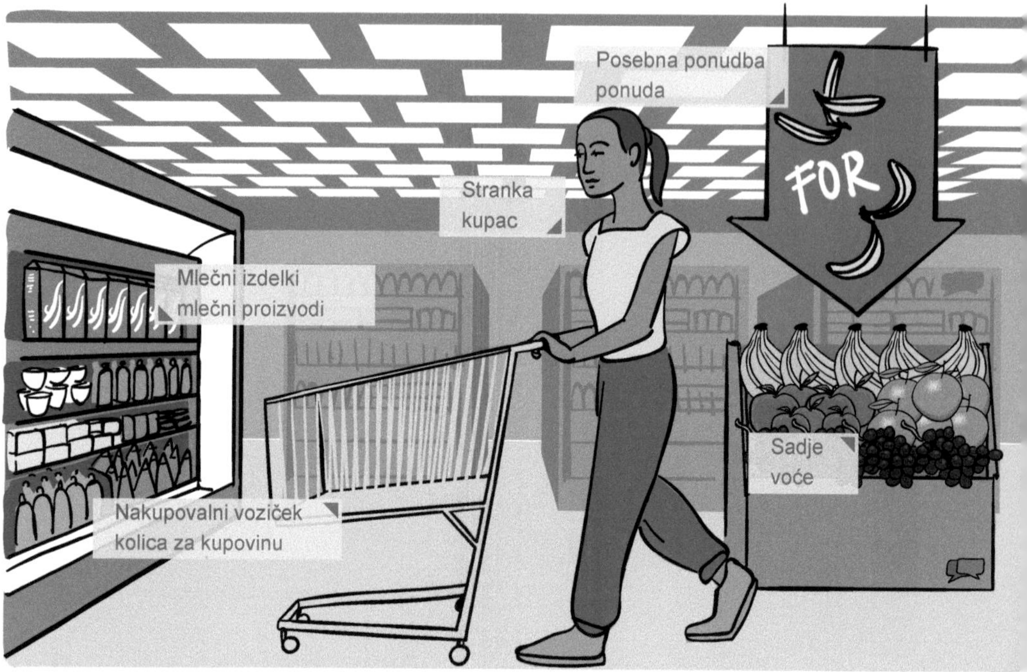

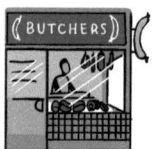

BUTCHERS

Mesnica

mesnica

BAKERY

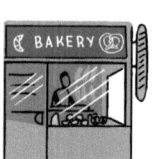

Pekarna

pekara

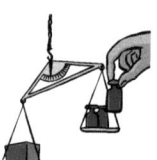

Tehtati

vagati

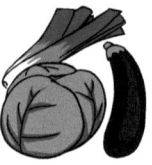

Zelenjava

povrće

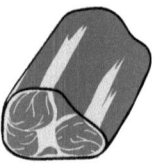

Meso

meso

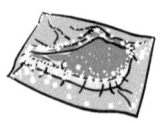

Zamrznjena hrana

smrznuta hrana

Hladne mesnine

narezak

Konzerve

konzerve

Pralni prašek

sredstvo za pranje

Sladkarije

slatkiši

Gospodinjski izdelki

artikli za domaćinstvo

Čistilno sredstvo

sredstva za čišćenje

Prodajalka

prodavačica

Blagajna

blagajna

Blagajnik

blagajnik

Nakupovalni seznam

lista za kupovinu

Delovni čas

vreme rada

Denarnica

novčanik

Kreditna kartica

kreditna kartica

Torba

torba

Plastična vrečka

plastična kesa

Voda

voda

Sok

sok

Mleko

mleko

Kola

kola

Vino

vino

Pivo

pivo

Alkohol

alkohol

Kakav

kakao

Čaj

čaj

Kava

kava

Espresso

espresso

Kapučino

cappuccino

Banana

banana

Jabolko

jabuka

Pomaranča

narandža

Lubenica

lubenica

Limona

limun

Korenje

šargarepa

Česen

beli luk

Bambus

bambus

Čebula

luk

Goba

gljiva

Oreščki

orašasti plodovi

Rezanci

rezanci

Špageti

špagete

Riž

riža

Solata

salata

Ocvrt krompirček

pomfrit

Pečen krompir

pečeni krumpir

Pica

pica

Hamburger

hamburger

Sendvič

sendvič

Zrezek

šnicla

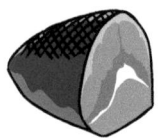

Šunka

šunka

Salama

salama

Klobasa

kobasica

Piščanec

kokoš

Pečenka

pečenje

Riba

riba

Ovseni kosmiči

zobene pahuljice

Musli

musli

Koruzni kosmiči

kukuruzne pahuljice

Moka

brašno

Rogljiček

kroasan

Žemlja

pecivo

Kruh

hleb

Prepečenec

toast

Piškoti

keksi

Maslo

maslac

Skuta

sveži sir

Torta

kolač

Jajce

jaje

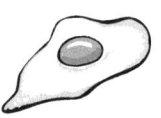

Pečeno jajce na oko

jaje na oko

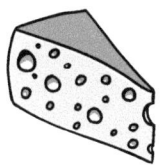

Sir

sir

Sladoled

sladoled

Sladkor

šećer

Med

med

Marmelada

marmelada

Čokoladni namaz

nugat krema

Kari

kari

Kmetija
seosko gazdinstvo

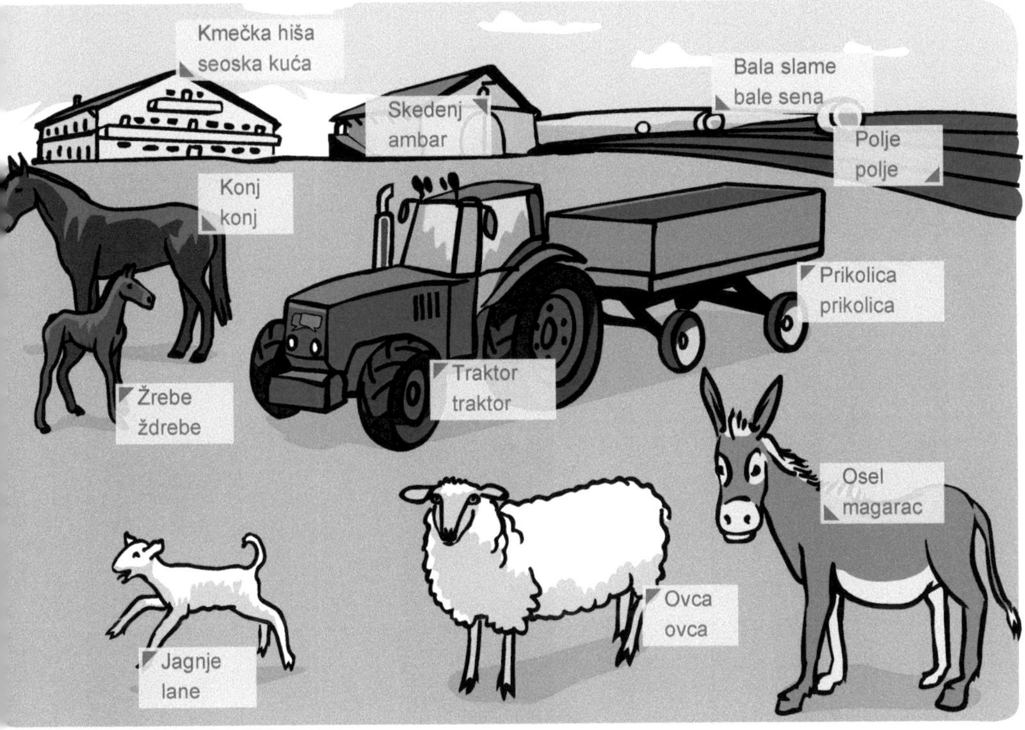

Kmečka hiša
seoska kuća
Bala slame
bale sena
Skedenj
ambar
Polje
polje
Konj
konj
Prikolica
prikolica
Traktor
traktor
Žrebe
ždrebe
Osel
magarac
Ovca
ovca
Jagnje
lane

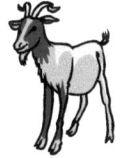

Koza
....
koza

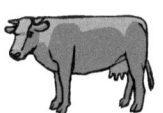

Krava
....
krava

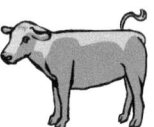

Tele
....
tele

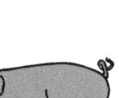

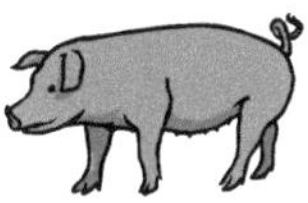

Prašič
....
svinja

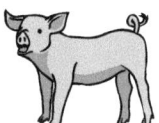

Pujsek
....
prase

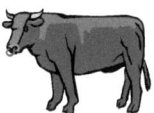

Bik
....
bik

Gos

guska

Raca

patka

Piščanec

pilići

Kokoš

kokoš

Petelin

petao

Podgana

pacov

Mačka

mačka

Miš

miš

Vol

vol

Pes

pas

Pasja uta

kućica za psa

Cev za zalivanje

vrtno crevo

Kangla za zalivanje

kanta za polivanje

Kosa

kosa

Plug

plug

Srp

srp

Motika

motika

Vile

viljuška za đubrivo

Sekira

sekira

Samokolnica

tačke

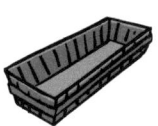

Korito

korito

Kangla za mleko

posuda za mleko

Vreča

vreća

Ograja

ograda

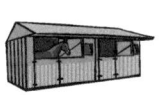

Hlev

štala

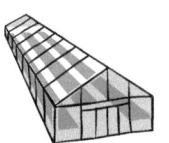

Rastlinjak

staklenik

Prst

zemlja

Seme

seme

Gnojilo

đubrivo

Kombajn

kombajn

Žeti
žeti

Žetev
žetva

Jam
jams začin

Pšenica
pšenica

Soja
soja

Krompir
krumpir

Koruza
kukuruz

Oljna ogrščica
uljana repica

Sadno drevo
voćka

Maniok
gomolj manioke

Žito
žitarice

Hiša
kuća

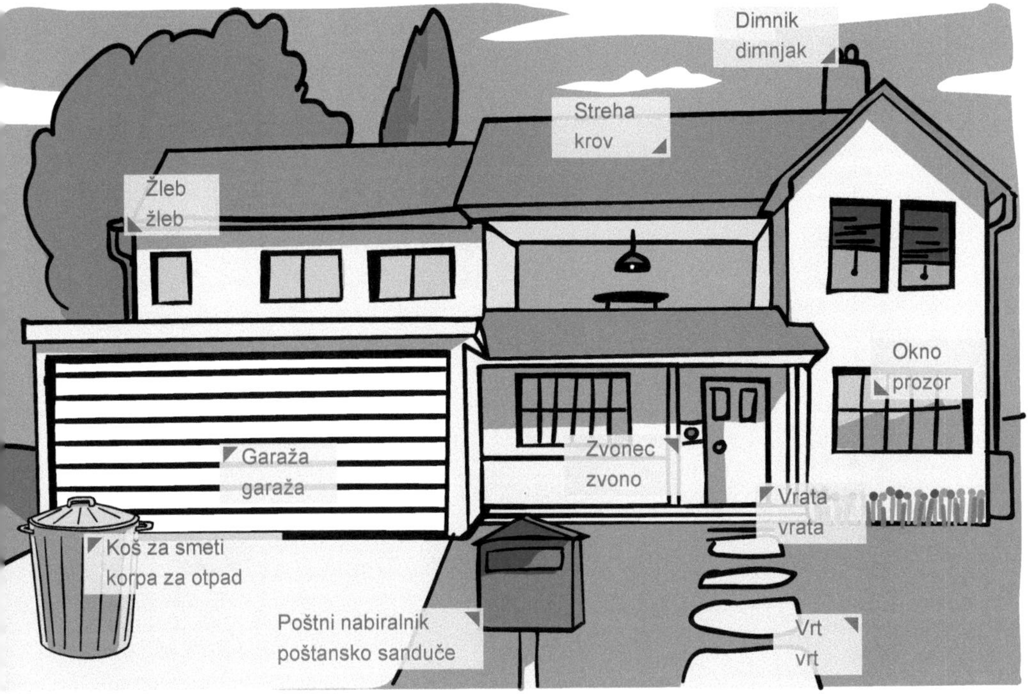
Dimnik
dimnjak
Streha
krov
Žleb
žleb
Okno
prozor
Garaža
garaža
Zvonec
zvono
Vrata
vrata
Koš za smeti
korpa za otpad
Poštni nabiralnik
poštansko sanduče
Vrt
vrt

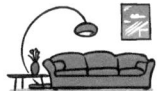

Dnevna soba

dnevna soba

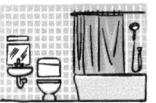

Kopalnica

kupaonica

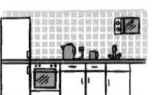

Kuhinja

kuhinja

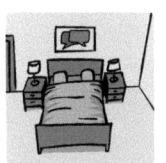

Spalnica

spavaća soba

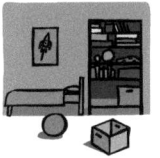

Otroška soba

dečija soba

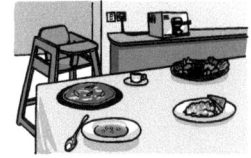

Jedilnica

trpezarija

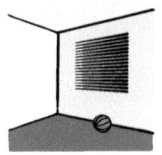

Tla
....
pod

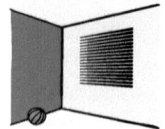

Stena
....
zid

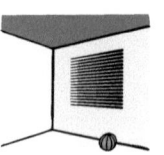

Strop
....
strop

Klet
....
podrum

Savna
....
sauna

Balkon
....
balkon

Terasa
....
terasa

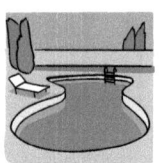

Bazen
....
bazen

Kosilnica
....
kosilica za travu

Rjuha
....
posteljina za krevet

Posteljno pregrinjalo
....
deka za krevet

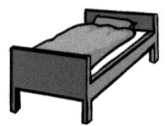

Postelja
....
krevet

Metla
....
metla

Vedro
....
kanta

Stikalo
....
prekidač

Dnevna soba
dnevna soba

Tapeta
tapeta
Slika
slika
Svetilka
svetiljka
Polica
regal
Omara
ormar
Televizor
televizija
Kamin
kamin
Cvetlica
cvijet
Blazina
jastuk
Zofa
kauč
Vaza
vaza
Daljinski upravljalnik
daljinski upravljač

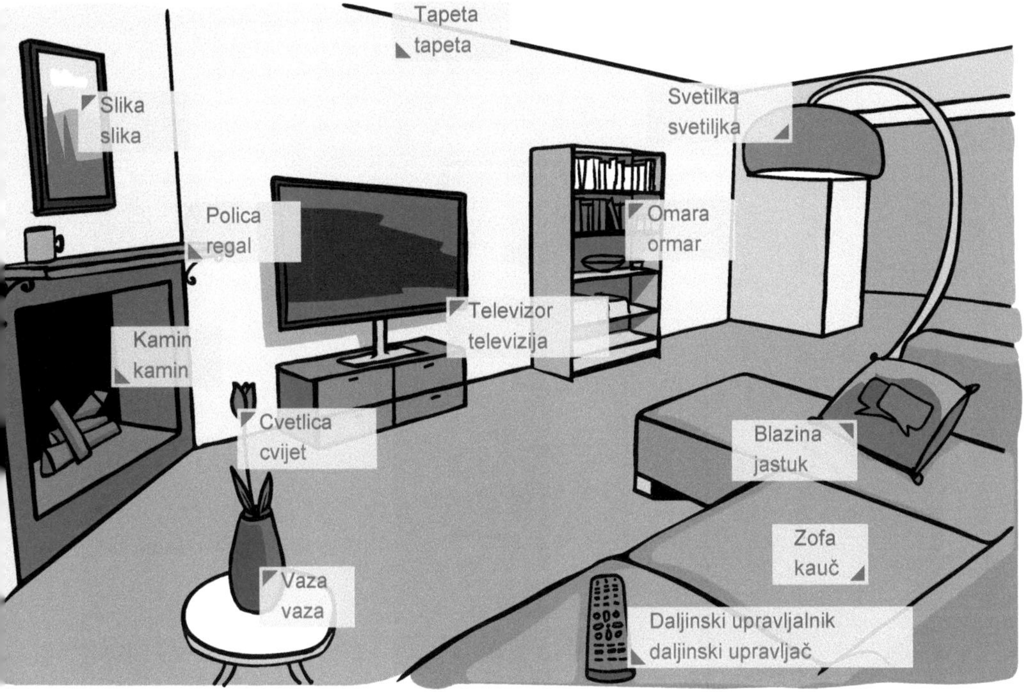

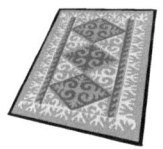

Preproga
....
tepih

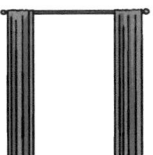

Zavesa
....
zavesa

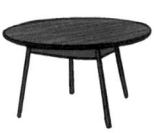

Miza
....
sto

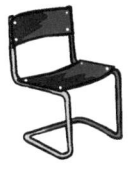

Stol
....
stolica

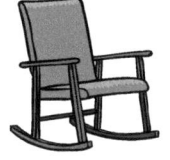

Gugalnik
....
stolica za njihanje

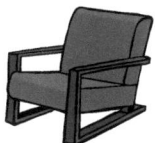

Naslanjač
....
fotelja

Knjiga

knjiga

Odeja

deka

Dekoracija

dekoracija

Drva

drvo za ogrev

Film

film

Glasbeni stolp

hi-fi uređaj

Ključ

ključ

Časopis

novine

Slika

slika na platnu

Plakat

poster

Radio

radio

Beležka

blok za pisanje

Sesalnik

usisivač

Kaktus

kaktus

Sveča

sveća

Kuhinja
kuhinja

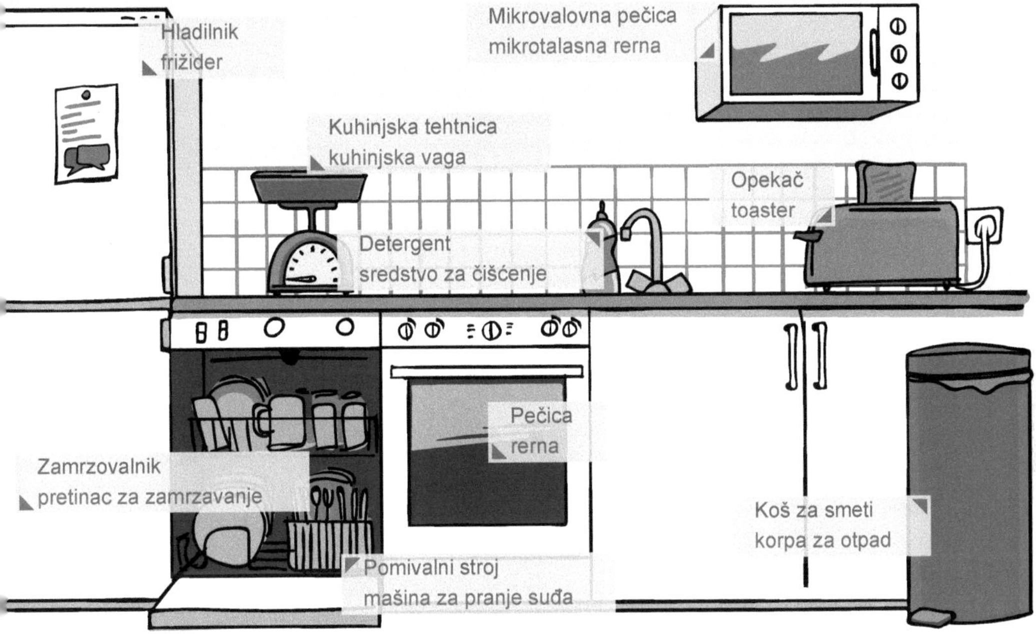
Hladilnik
frižider
Mikrovalovna pečica
mikrotalasna rerna
Kuhinjska tehtnica
kuhinjska vaga
Opekač
toaster
Detergent
sredstvo za čišćenje
Pečica
rerna
Zamrzovalnik
pretinac za zamrzavanje
Koš za smeti
korpa za otpad
Pomivalni stroj
mašina za pranje suđa

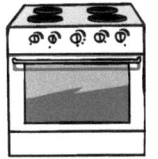

Kozica
....
šporet

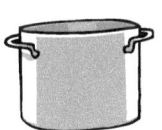

Lonec
....
lonac

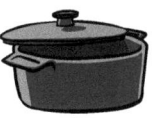

Litoželezni lonec
....
gvozdeni lonac

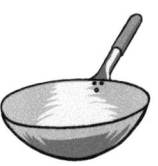

Vok / kadai
....
wok / kadai

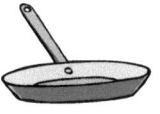

Ponev
....
tava

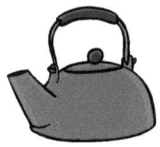

Kotliček
....
kuvalo za vodu

Parni kuhalnik

kuvalo na paru

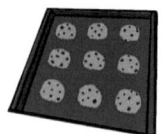

Pekač

lim za pečenje

Posoda

posuđe

Skodelica

čaša

Skleda

posuda

Jedilne paličice

štapići za jelo

Zajemalka

kutlača

Lopatica

lopatica

Metlica

penjača

Cedilnik

sito za kuvanje

Cedilo

sito

Strgalo

ribež

Možnar

mužar

Žar

roštilj

Ognjišče

ognjište

Deska za rezanje

daska

Valjar

oklagija

Odpirač za steklenice

vadičep

Pločevinka

konzerva

Odpirač za konzerve

otvarač konzervi

Prijemalka za posodo

krpa za lonac

Korito

sudoper

Ščetka

četka

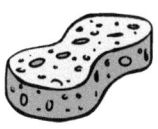

Goba

sunđer

Mešalnik

mikser

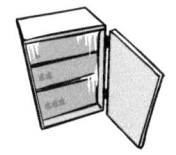

Zamrzovalna skrinja

zamrzivač

Steklenička

flašica za bebe

Pipa

slavina za vodu

Kopalnica
kupaonica

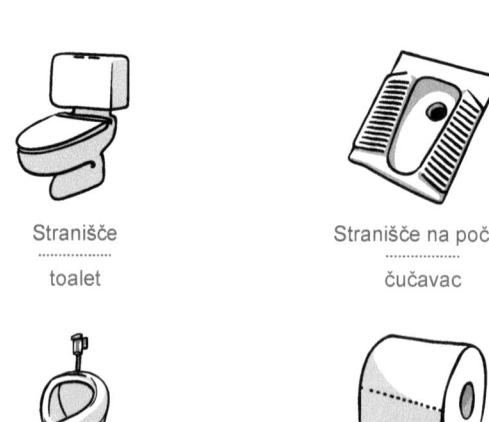

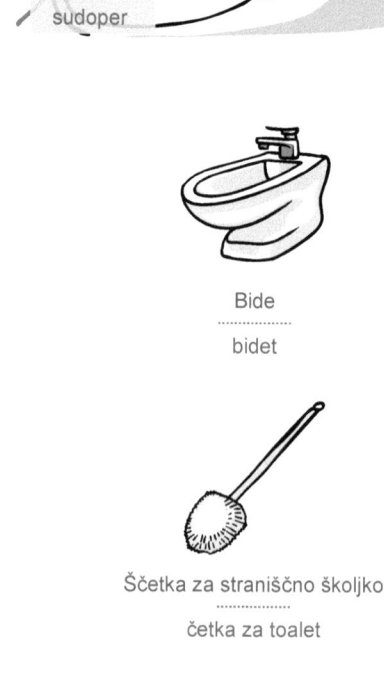

Ogrevanje
grejanje
Brisača
peškir
Prha
tuš
Zavesa za prho
zavesa za tuš
Peneča kopel
penušava kupka
Kopalna kad
kada
Kozarec
čaša
Pralni stroj
mašina za pranje veša
Pipa
slavina za vodu
Ploščice
pločice
Kahlica
tuta
Korito
sudoper

Stranišče

toalet

Stranišče na počep

čučavac

Bide

bidet

Pisoar

pisoar

Toaletni papir

toaletni papir

Ščetka za straniščno školjko

četka za toalet

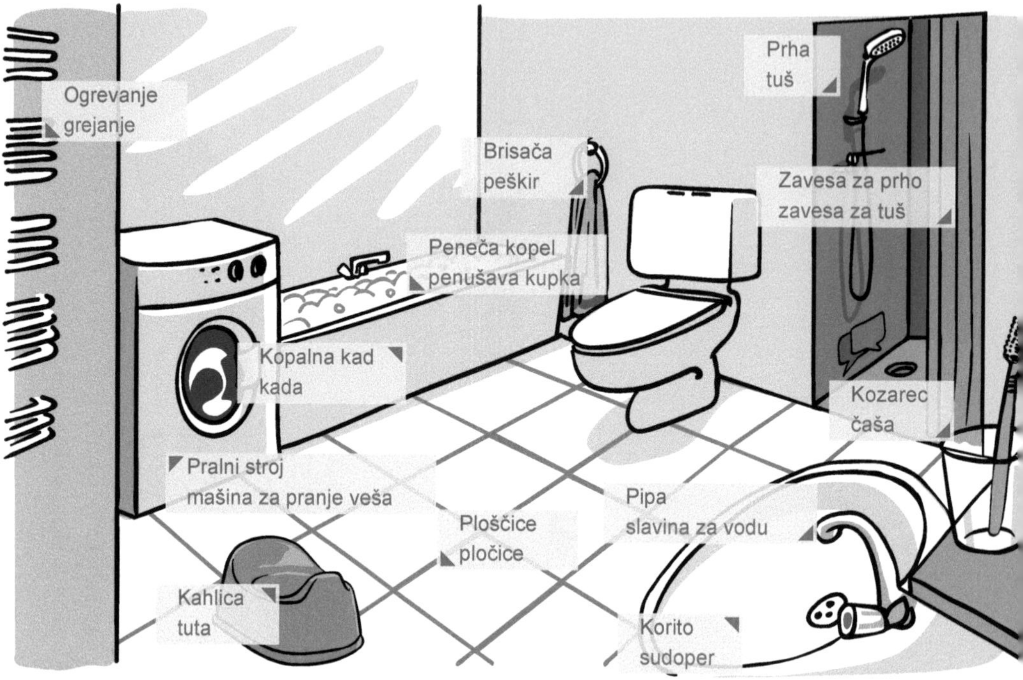

Zobna ščetka

četkica za zube

Zobna pasta

pasta za zube

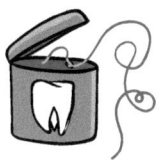

Zobna nitka

konac za zube

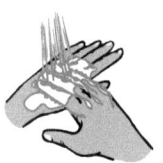

Umiti se

prati

Ročna prha

tuš ručica

Prha za intimne dele

tuš za pranje intimnih delova

Umivalnik

lavor

Krtača za hrbet

četka za pranje leđa

Milo

sapun

Gel za prhanje

gel za tuširanje

Šampon

šampon

Krpica za miljenje

krpa za pranje

Odtok

odvod

Krema

krema

Deodorant

dezodorans

Ogledalo

ogledalo

Ročno ogledalo

kozmetičko ogledalo

Britvica

brijač

Pena za britje

pena za brijanje

Vodica po britju

losion za posle brijanja

Glavnik

češalj

Ščetka

četka

Sušilnik za lase

fen za kosu

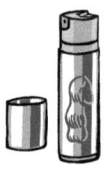

Lak za lase

sprej za kosu

Ličila

makeup

Šminka

ruž za usne

Lak za nohte

lak za nokte

Vatirane blazinice

vata

Škarjice za nohte

makaze za nokte

Parfum

parfem

Toaletna torbica

kozmetička torbica

Stol brez naslonjala

stolica

Osebna tehtnica

vaga

Kopalni plašč

ogrtač

Gumijaste rokavice

rukavice za čišćenje

Tampon

tampon

Damski vložki

uložak

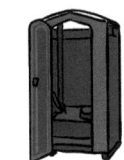

Kemično stranišče

hemijski toalet

Otroška soba
dečija soba

Budilka
budilnik
Plišasta igrača
plišana igračka
Avtomobilček
auto igračka
Ropotuljica
zvečka
Hiška za punčke
kućica za lutke
Darilo
poklon

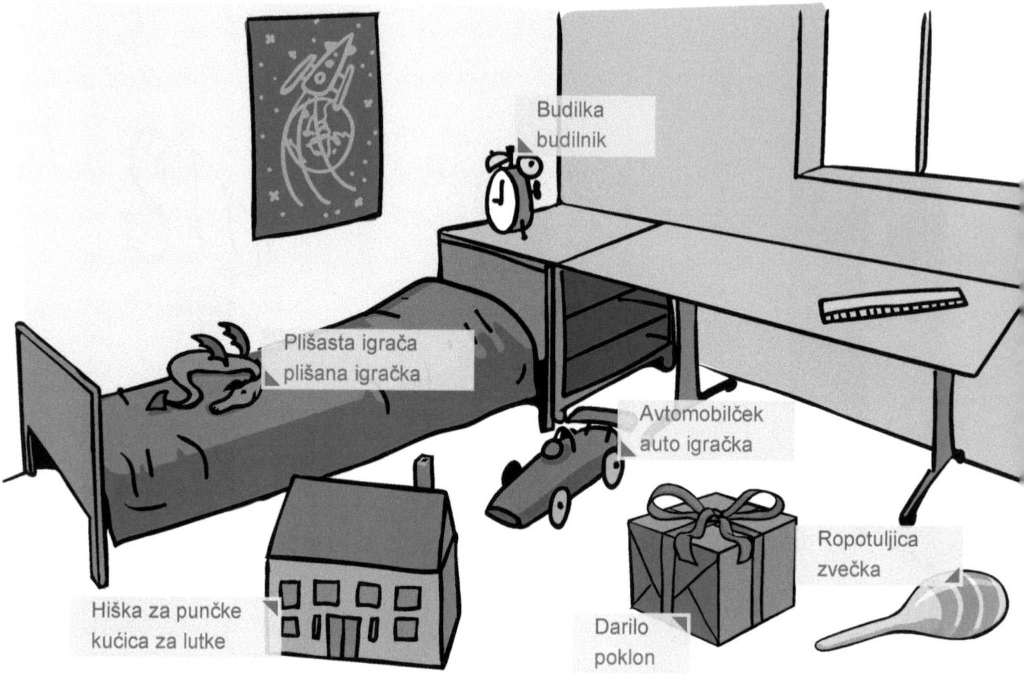

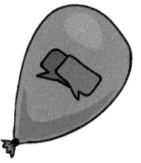

Balon
balon

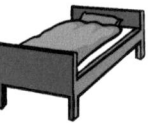

Postelja
krevet

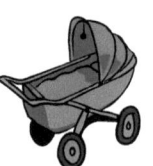

Otroški voziček
dječija kolica

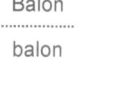

Igralne karte
igra s kartama

Sestavljanka
slagalica

SUPER
MEGA

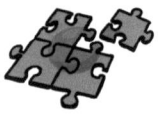

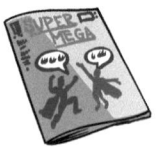

Strip
strip

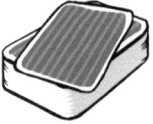

Lego kocke

lego kockice

Igralne kocke

kockice za slaganje

Akcijska figura

akcioni junak

Bodi

benkica za bebe

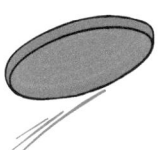

Frizbi

frizbi

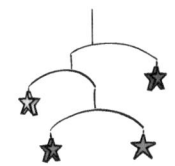

Vrtiljak za posteljico

viseće igračke

Namizna igra

društvene igre

Kocka

kocka

Komplet modelov vlakov

minijaturna željeznica

Duda

duda

Zabava

zabava

Slikanica

slikovnica

Žoga

lopta

Lutka

lutka

Igrati se

igrati

Peskovnik

pješčanik

Gugalnica

ljuljačka

Igrače

igračka

Igralna konzola

konzola za igre

Tricikel

tricikl

Plišasti medvedek

tedi

Garderoba

ormar

Oblačilo
odeća

Nogavice

kratke čarape

Samostoječe nogavice

čarape

Hlačne nogavice

hulahopke

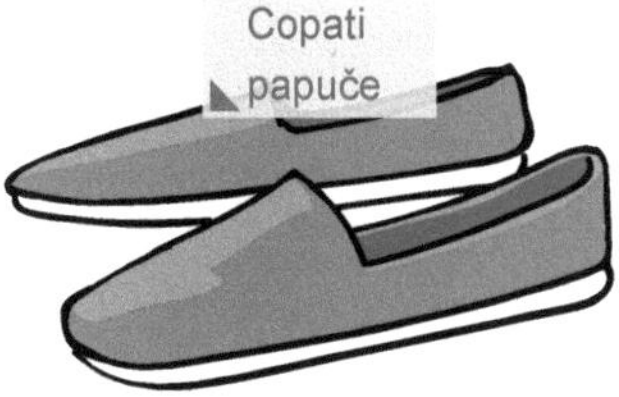

Šal
šal

Dežnik
kišobran

Majica s kratkimi rokavi
majica

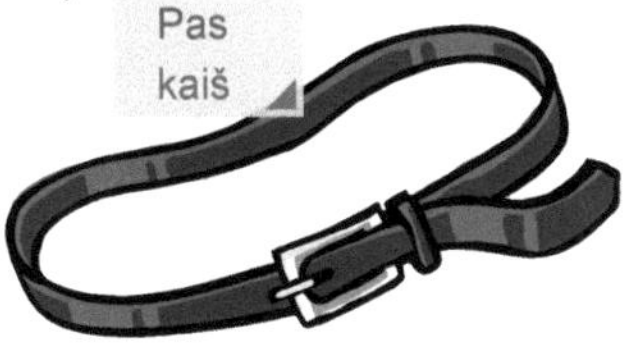

Pas
kaiš

Škornji
čizme

Copati
papuče

Športni copati
patike

Sandali
....
sandale

Čevlji
....
cipele

Gumijasti škornji
....
gumene čizme

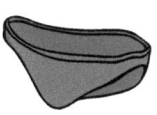

Spodnje hlače
....
gaćice

Modrček
....
grudnjak

Telovnik
....
potkošulja

Bodi
bodi

Hlače
pantalone

Kavbojke
farmerke

Krilo
suknja

Bluza
bluza

Srajca
košulja

Pulover
džemper

Pletena jopica
džemper s kapuljačom

Jopa
sako

Jakna
jakna

Plašč
kaput

Dežni plašč
kabanica

Kostim
kostim

Obleka
haljina

Poročna obleka
venčanica

Obleka
....
odelo

Spalna srajca
....
spavaćica

Pižama
....
pidžama

Sari
....
sari

Naglavna ruta
....
marama za glavu

Turban
....
turban

Burka
....
burka

Kaftan
....
kaftan

Abaja
....
abaja

Kopalke
....
kupaći kostim

Kopalne hlače
....
kupaće gaćice

Kratke hlače
....
kratke pantalone

Trenirka
....
odeća za trening

Predpasnik
....
kecelja

Rokavice
....
rukavice

Gumb

dugme

Očala

naočare

Zapestnica

narukvica

Verižica

ogrlica

Prstan

prsten

Uhan

naušnica

Kapa

kapa

Obešalnik

vešalica

Klobuk

šešir

Kravata

kravata

Zadrga

patent zatvarač

Čelada

kaciga

Naramnice

naramenice

Šolska uniforma

školska uniforma

Uniforma

uniforma

Slinček
....
podbradak

Duda
....
duda

Plenica
....
pelena

Pisarna
kancelarija

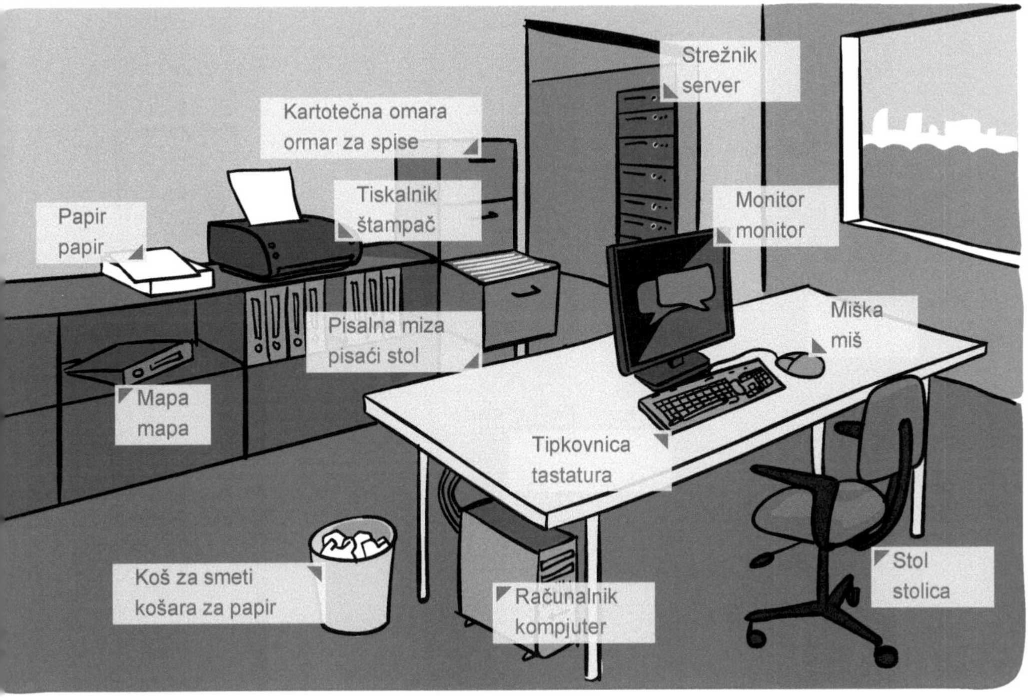

Strežnik
server

Kartotečna omara
ormar za spise

Tiskalnik
štampač

Monitor
monitor

Papir
papir

Pisalna miza
pisaći stol

Miška
miš

Mapa
mapa

Tipkovnica
tastatura

Koš za smeti
košara za papir

Stol
stolica

Računalnik
kompjuter

Lonček za kavo
....
šalica za kavu

Kalkulator
....
kalkulator

Internet
....
internet

Pisarna - kancelarija

49

Prenosnik

laptop

Pismo

pismo

Sporočilo

poruka

Mobilnik

mobilni telefon

Omrežje

mreža

Kopirni stroj

uređaj za kopiranje

Programska oprema

softver

Telefon

telefon

Vtičnica

utičnica

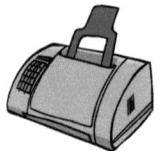

Telefaks

faks

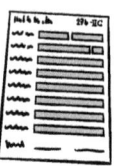

Obrazec

formular

Dokument

dokument

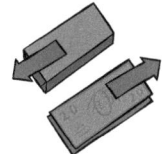

Kupiti

kupovati

Plačati

platiti

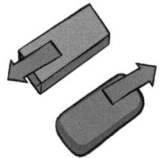

Trgovati

trgovati

Denar

novac

Dolar

dolar

Evro

evro

Jen

jen

Rubelj

rublja

Švičarski frank

švajcarski franak

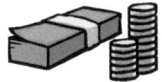

Kitajski juan renminbi

renmindbi juan

Rupija

rupija

Bankomat

automat za novac

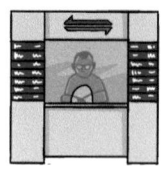

Menjalnica

menjačnica

Zlato

zlato

Srebro

srebro

Nafta

nafta

Energija

energija

Cena

cena

Pogodba

ugovor

Davek

porez

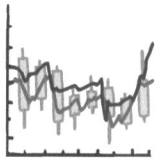

Delnice

deonica

Delati

raditi

Delojemalec

službenik

Delodajalec

poslodavac

Tovarna

fabrika

Trgovina

prodavnica

Poklici
zanimanja

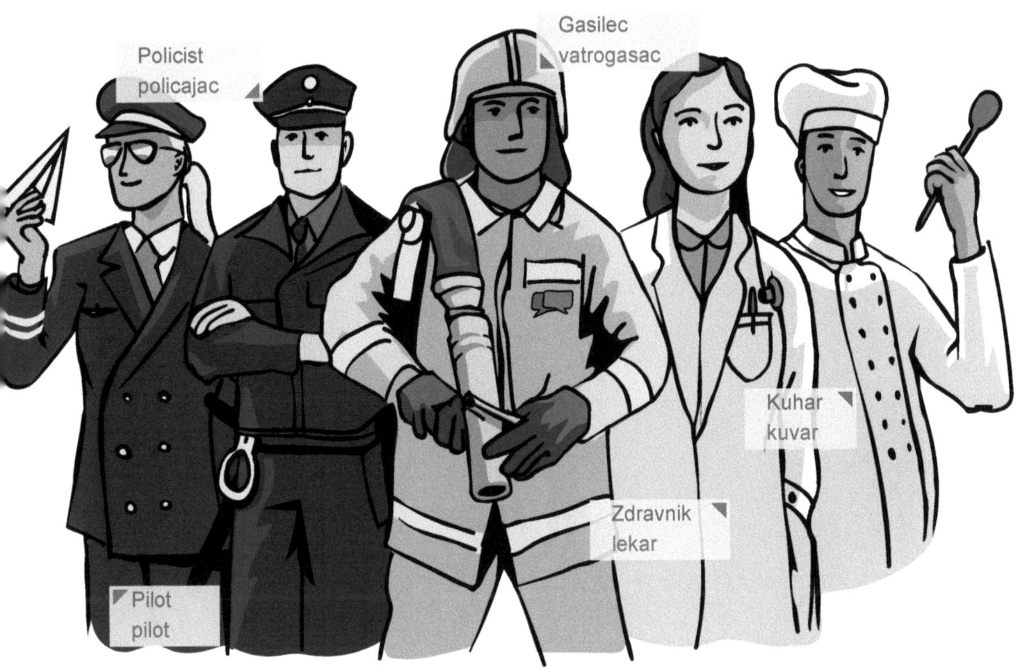
Policist
policajac
Gasilec
vatrogasac
Kuhar
kuvar
Zdravnik
lekar
Pilot
pilot

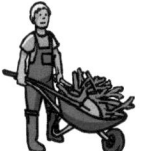

Vrtnar

vrtlar

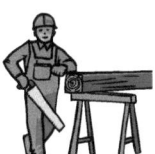

Mizar

stolar

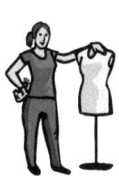

Šivilja

krojačica

Sodnik

sudija

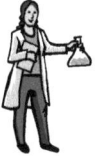

Kemik

hemičar

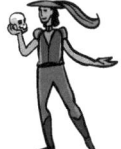

Igralec

glumac

Voznik avtobusa

vozač autobusa

Taksist

vozač taksija

Ribič

ribar

Čistilka

čistačica

Krovec

krovopokrivač

Natakar

konobar

Lovec

lovac

Pleskar

slikar

Pek

pekar

Električar

električar

Gradbenik

građevinski radnik

Inženir

inženjer

Mesar

mesar

Vodovodni inštalater

limar

Poštar

poštar

Vojak

vojnik

Arhitekt

arhitekta

Blagajnik

blagajnik

Cvetličar

cvećar

Frizer

frizer

Sprevodnik

kondukter

Mehanik

mehaničar

Kapitan

kapetan

Zobozdravnik

zubar

Znanstvenik

naučnik

Rabin

rabi

Imam

imam

Menih

monah

Duhovnik

svećenik

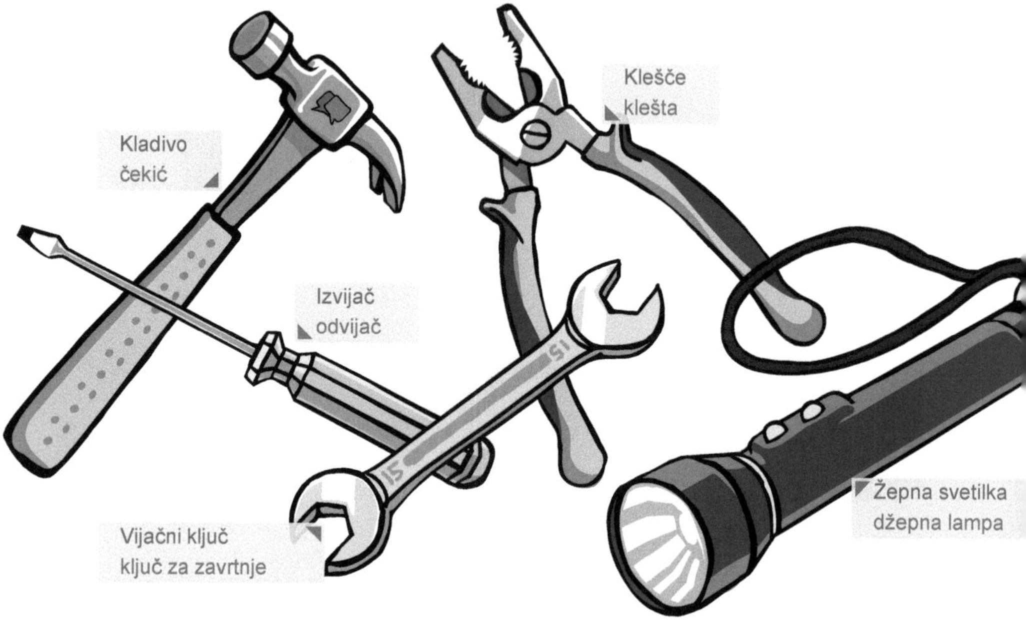

Kladivo
čekić

Klešče
klešta

Izvijač
odvijač

Vijačni ključ
ključ za zavrtnje

Žepna svetilka
džepna lampa

Bager

bager

Zaboj z orodjem

kutija za alat

Lestev

merdevine

Žaga

pila

Žeblji

ekser

Vrtalnik

bušilica

Popraviti

popraviti

Lopata

lopata

Šment!

do đavola!

Smetišnica

lopatica

Posoda z barvo

lonac za boju

Vijaki

zavrtanji

Glasbeni instrument
muzički instrument

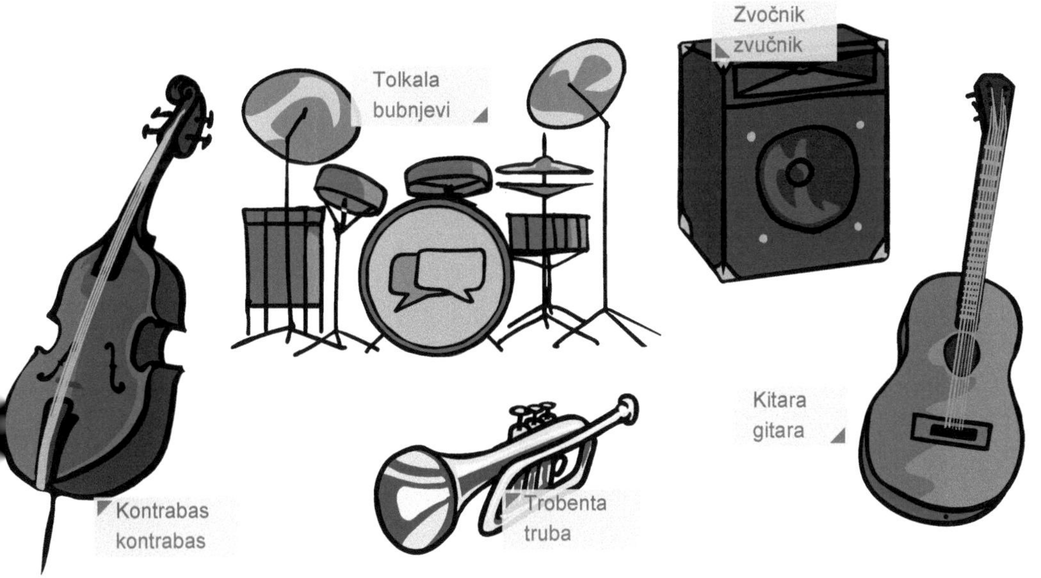

Zvočnik
zvučnik

Tolkala
bubnjevi

Kontrabas
kontrabas

Trobenta
truba

Kitara
gitara

Klavir

klavir

Violina

violina

Bas kitara

bas

Pavke

timpani

Bobni

udaraljke za bubnjeve

Sintetizator

tipke klavira

Saksofon

saksofon

Flavta

flauta

Mikrofon

mikrofon

Glasbeni instrument - muzički instrument

Živalski vrt

zoološki vrt

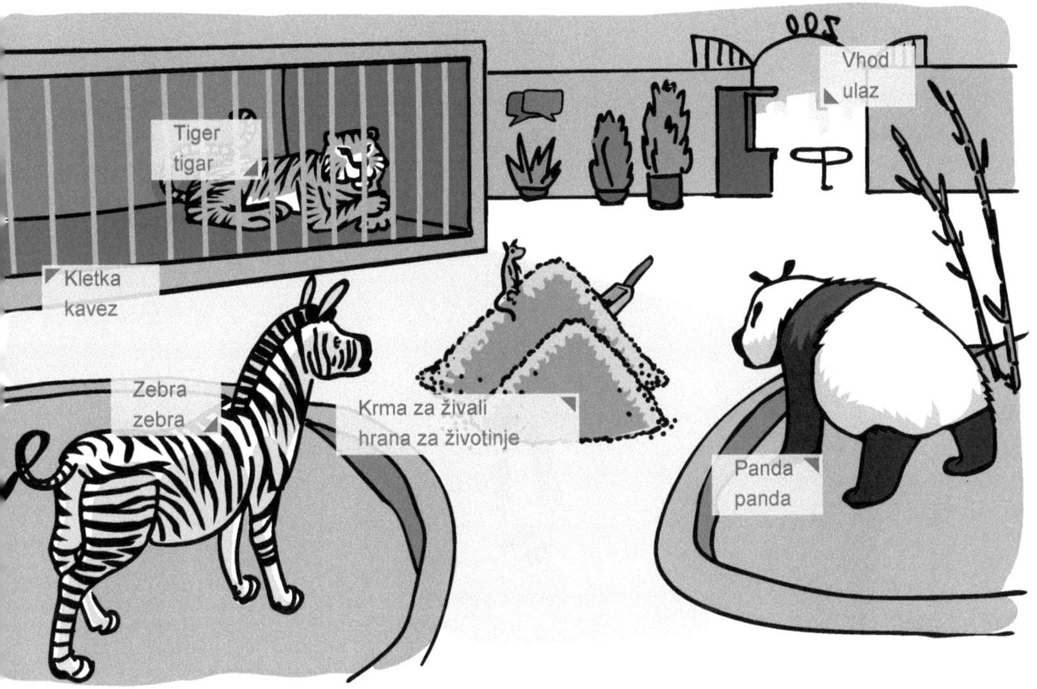

ZOO
Vhod
ulaz
Tiger
tigar
Kletka
kavez
Zebra
zebra
Krma za živali
hrana za životinje
Panda
panda

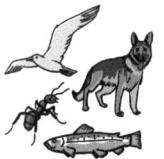

Živali

životinje

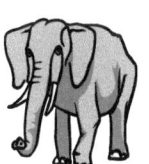

Slon

slon

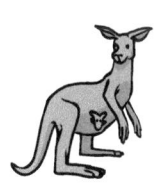

Kenguru

kengur

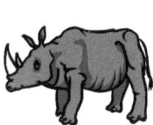

Nosorog

nosorog

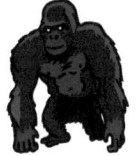

Gorila

gorila

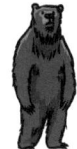

Medved

medved

Kamela

kamila

Noj

noj

Lev

lav

Opica

majmun

Plamenec

flamingo

Papagaj

papagaj

Severni medved

polarni medved

Pingvin

pingvin

Morski pes

ajkula

Pav

paun

Kača

zmija

Krokodil

krokodil

Oskrbnik v živalskem vrtu

čuvar u zoološkom vrtu

Tjulenj

tuljan

Jaguar

jaguar

Poni

poni

Leopard

leopard

Povodni konj

nilski konj

Žirafa

žirafa

Orel

orao

Divji prašič

divlja svinja

Riba

riba

Želva

kornjača

Mrož

morž

Lisica

lisica

Gazela

gazela

Ameriški nogomet
ameriški nogomet

Kolesarjenje
biciklizam

Tenis
tenis

Košarka
košarka

Plavanje
plivanje

Boks
boks

Hokej
hokej na ledu

Nogomet
fudbal

Badminton
badminton

Atletika
atletika

Rokomet
rukomet

Smučanje
skijanje

Polo
polo

Dejavnosti
aktivnosti

Smejati se
smejati se
Skočiti
skočiti
Objeti
zagrliti
Hoditi
ići
Peti
pevati
Sanjati
sanjati
Moliti
moliti se
Poljubiti
poljubiti

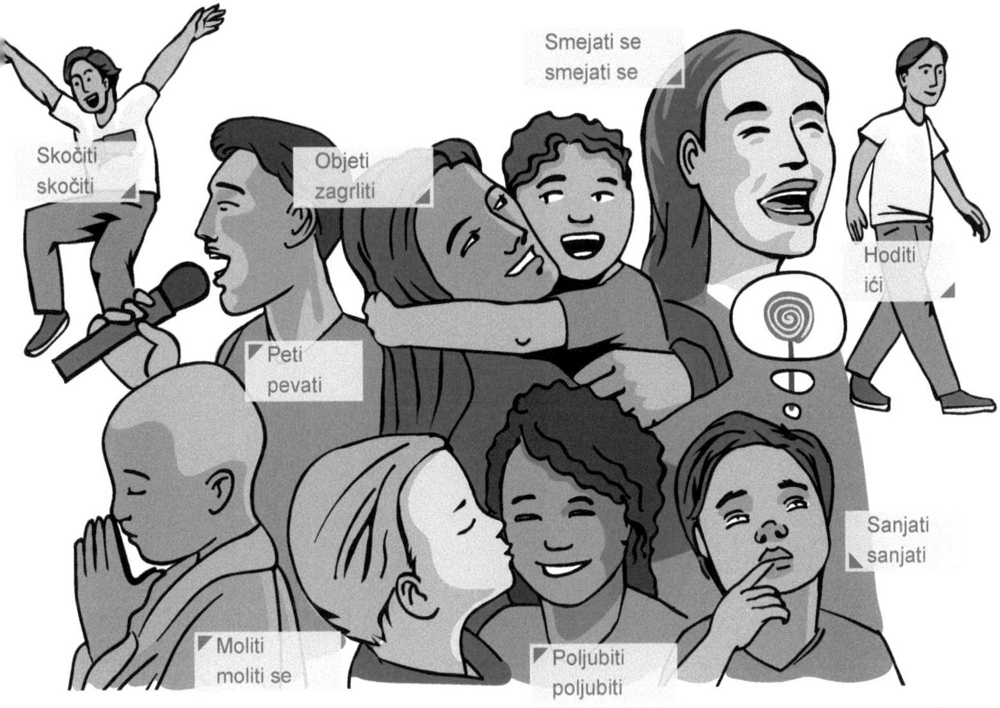

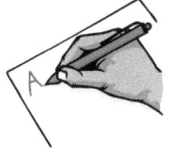

Pisati
....
pisati

Risati
....
crtati

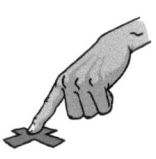

Pokazati
....
pokazati

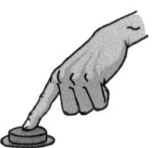

Potisniti
....
gurati

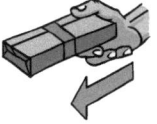

Dati
....
dati

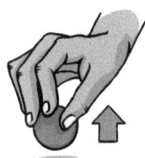

Vzeti
....
uzeti

Imeti

imati

Narediti

činiti

Biti

biti

Stati

stojati

Teči

trčati

Vleči

povlačiti

Vreči

baciti

Pasti

padati

Ležati

ležati

Čakati

čekati

Nositi

nositi

Sedeti

sediti

Obleči se

oblačiti

Spati

spavati

Zbuditi se

probuditi se

Gledati	Jokati	Božati
gledati	plakati	milovati

Česati se	Govoriti	Razumeti
češljati	govoriti	razumeti

Vprašati	Poslušati	Piti
pitati	slušati	piti

Jesti	Pospraviti	Ljubiti
jesti	pospremiti	voleti

Kuhati	Voziti	Leteti
kuhati	voziti	leteti

Jadrati

ploviti

Računanje

računati

Brati

čitati

Učiti se

učiti

Delati

raditi

Poročiti se

venčati se

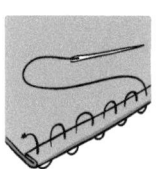

Šivati

šiti

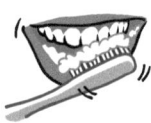

Ščetkati si zobe

prati zube

Ubiti

ubiti

Kaditi

pušiti

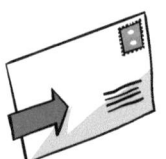

Poslati

poslati

Družina
porodica

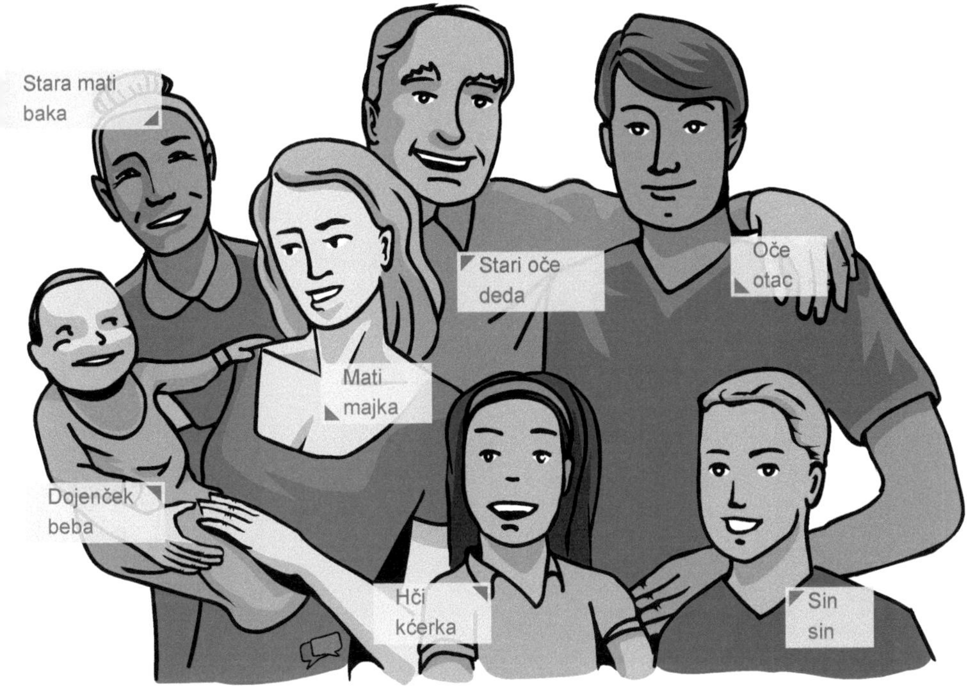
Stara mati
baka
Stari oče
deda
Oče
otac
Mati
majka
Dojenček
beba
Hči
kćerka
Sin
sin

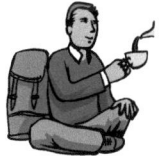

Gost
gost

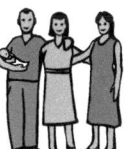

Teta
tetka

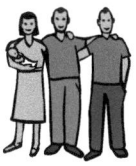

Stric
ujak, stric

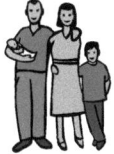

Brat
brat

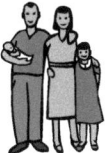

Sestra
sestra

Telo

telo

Čelo
čelo
Oko
oko
Rama
rame
Prst
prst
Obraz
lice
Brada
brada
Dlan
ruka
Noga
noga
Prsi
grudi
Roka
ruka

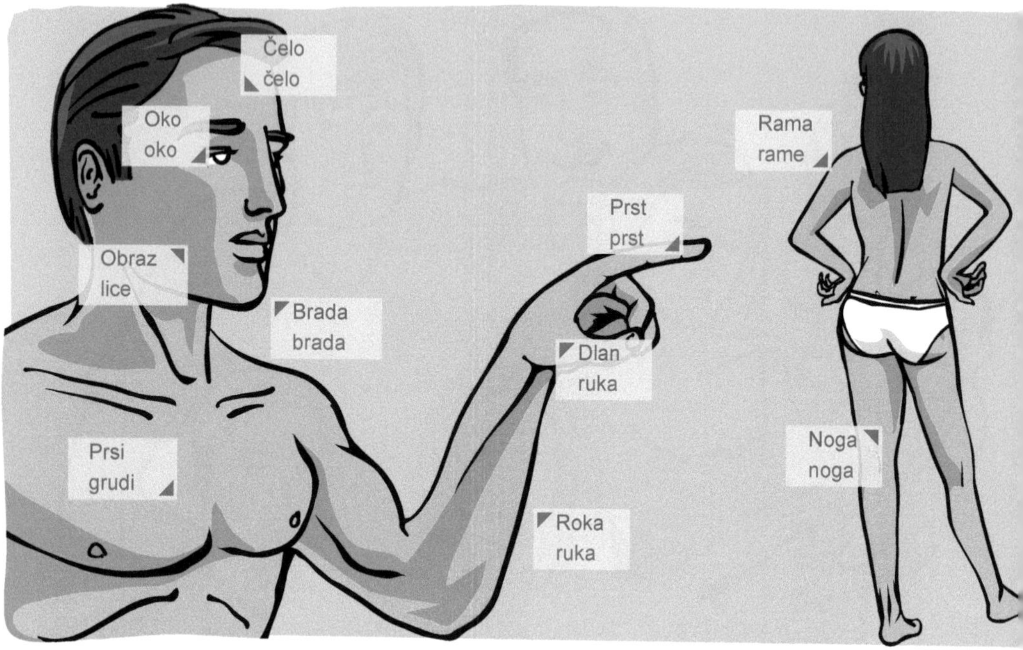

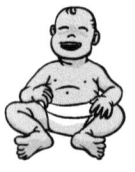

Dojenček

beba

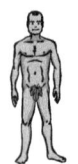

Človek

muškarac

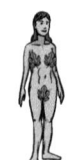

Ženska

žena

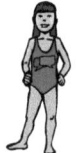

Dekle

devojčica

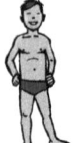

Fant

dečak

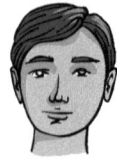

Glava

glava

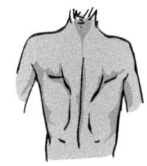

Hrbet

leđa

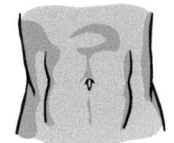

Trebuh

stomak

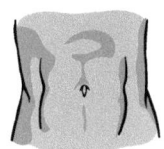

Popek

pupak

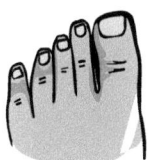

Prst na nogi

nožni prst

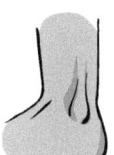

Peta

peta

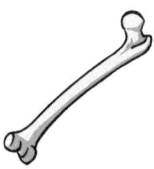

Kost

kost

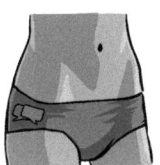

Kolk

kukovi

Koleno

koleno

Komolec

lakat

Nos

nos

Zadnjica

zadnjica

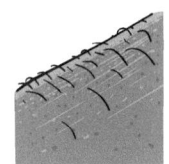

Koža

koža

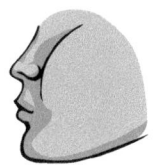

Lice

obraz

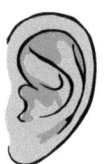

Uho

uvo

Ustnica

usna

Usta

usta

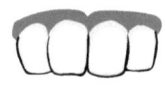

Zob

zub

Jezik

jezik

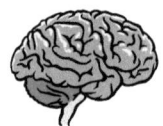

Možgani

mozak

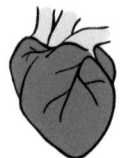

Srce

srce

Mišica

mišić

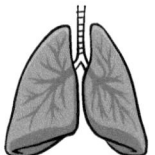

Pljuča

pluća

Jetra

jetra

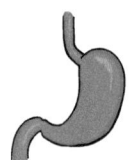

Želodec

želudac

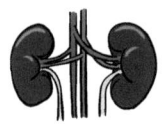

Ledvice

bubrezi

Spolni odnos

polni odnos

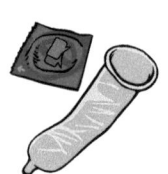

Kondom

kondom

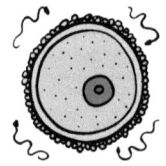

Jajčece

jajna ćelija

Semenska tekočina

sperma

Nosečnost

trudnoća

Telo - telo

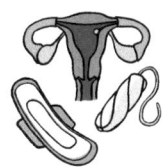

Menstruacija

menstruacija

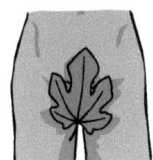

Vagina

vagina

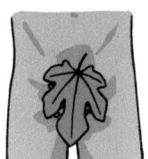

Penis

penis

Obrv

obrva

Lasje

kosa

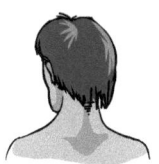

Vrat

vrat

Bolnišnica
bolnica

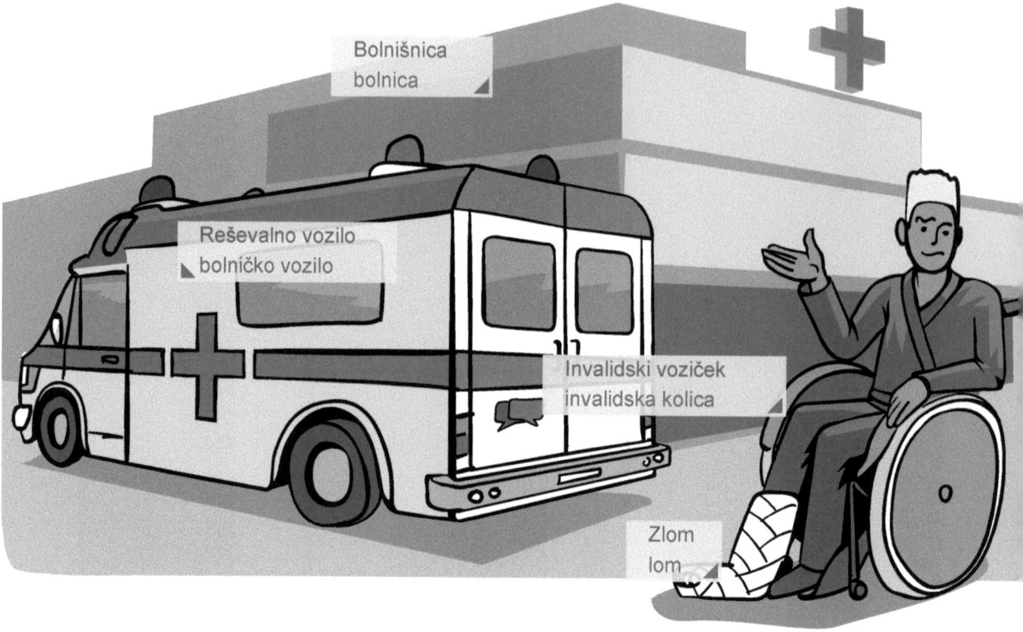

Bolnišnica
bolnica
Reševalno vozilo
bolničko vozilo
Invalidski voziček
invalidska kolica
Zlom
lom

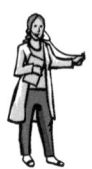

Zdravnik
lekar

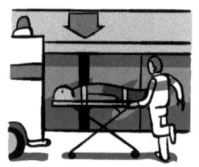

Urgenca
hitna medicinska služba

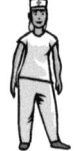

Medicinska sestra
medicinska sestra

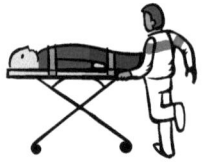

Nujni primer
hitni slučaj

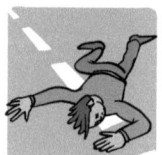

Nezavesten
nesvest

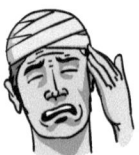

Bolečina
bol

Poškodba

povreda

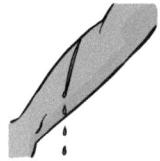

Krvavenje

krvarenje

Srčni infarkt

srčani udar

Kap

udar

Alergija

alergija

Kašelj

kašalj

Vročina

groznica

Gripa

gripa

Driska

proliv

Glavobol

glavobolja

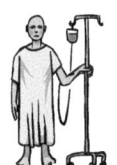

Rak

rak

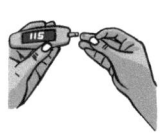

Sladkorna bolezen

dijabetes

Kirurg

hirurg

Skalpel

skalpel

Operacija

operacija

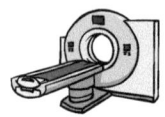

CT
ct

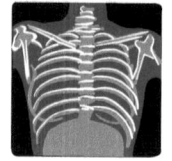

Rentgen
rentgen

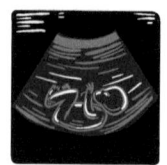

Ultrazvok
ultrazvuk

Obrazna maska
maska

Bolezen
bolest

Čakalnica
čekaona

Bergla
štaka

Obliž
flaster

Preveza
zavoj

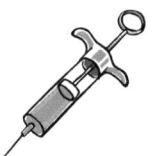

Injekcija
injekcija

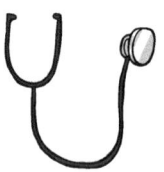

Stetoskop
stetoskop

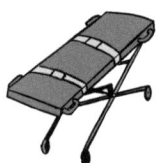

Nosila
nosila

Klinični termometer
termometar

Porod
rođenje

Prekomerna teža
prekomerna težina

Slušni pripomoček

slušni aparat

Razkužilo

sredstvo za dezinfekciju

Okužba

infekcija

Virus

virus

HIV / AIDS

HIV / AIDS

Medicina

medicina

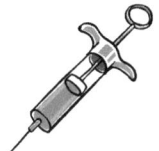

Cepljenje

vakcinacija

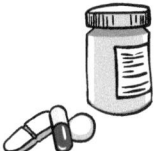

Tablete

tablete

Tableta

pilula

Klic v sili

hitni poziv

Merilnik krvnega tlaka

uređaj za merenje pritiska

bolano / zdravo

bolesno / zdravo

Na pomoč!

pomoć!

Alarm

alarm

Napad

nasrtaj

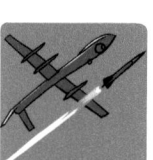

Napad

napad

Nevarnost

opasnost

Izhod v sili

izlaz u slučaju nužde

Gori!

požar!

Gasilni aparat

protivpožarni aparat

Nezgoda

nezgoda

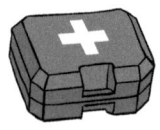

Komplet za prvo pomoč

kutija prve pomoći

SOS

sos

Policija

policija

Evropa

Evropa

Severna Amerika

Severna Amerika

Južna Amerika

Južna Amerika

Afrika

Afrika

Azija

Azija

Avstralija

Australija

Atlantski ocean

Atlantik

Tihi ocean

Pacifik

Indijski ocean

Indijski okean

Južni ocean

Antarktički okean

Arktični ocean

Arktički ocean

Severni tečaj

Severni pol

Južni tečaj
....
Južni pol

Antarktika
....
Antarktik

Zemlja
....
zemlja

Kopno
....
zemlja

Morje
....
more

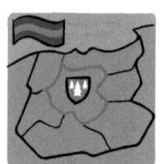

Otok
....
otok

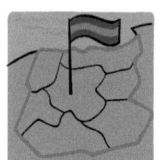

Narod
....
nacija

Država
....
država

Številčnica

brojčanik sata

Urni kazalec

satna kazaljka

Minutni kazalec

minutna kazaljka

Sekundni kazalec

sekundna kazaljka

Koliko je ura?

Koliko je sati?

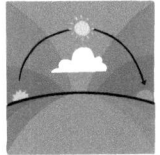

Dan

dan

Čas

vreme

Zdaj

sada

Digitalna ura

digitalni sat

Minuta

minuta

Ura

čas

Teden
sedmica

Ponedeljek
ponedeljak

MO

W Sreda
sreda

Petek
petak

FR

TU

TH

Sobota
subota

SA

Torek
utorak

SO

Četrtek
četvrtak

Nedelja
nedelja

Včeraj
juče

Danes
danas

Jutri
sutra

Jutro
jutro

Poldne
podne

Večer
veče

Delovni dnevi
radni dani

Konec tedna
vikend

Leto
godina

Dež
kiša
Mavrica
duga
Veter
vetar
Sneg
sneg
Pomlad
proleće
Jesen
jesen
Poletje
leto
Zima
zima

4.APRIL 11°
5.APRIL 4°
6.APRIL 13°
7.APRIL 8°
8.APRIL 10°

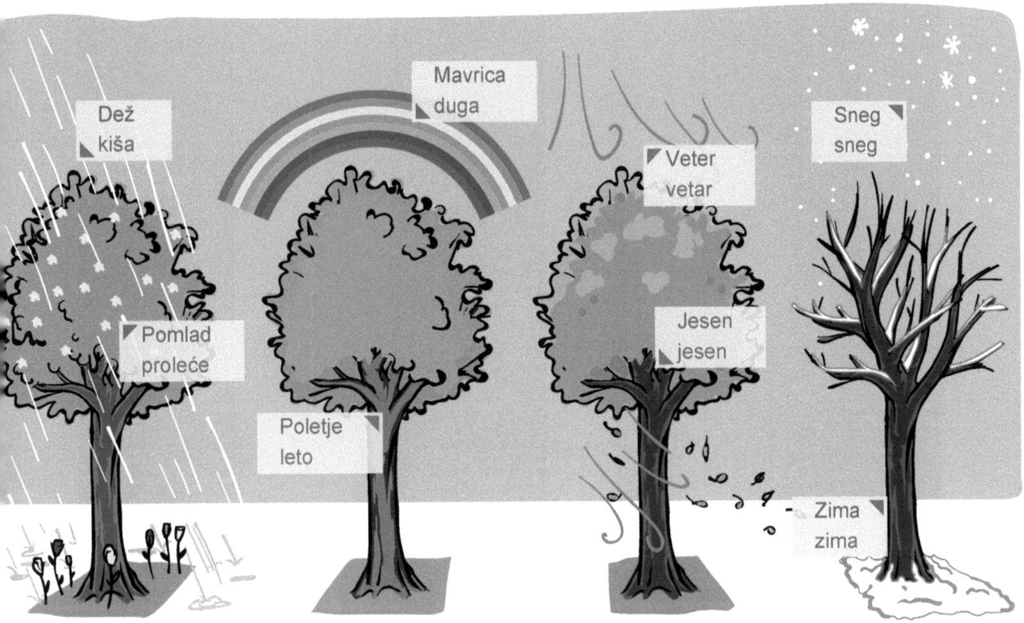

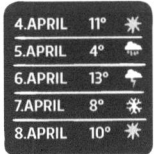

Vremenska napoved
....
meteorološka prognoza

F C
120 40
90 30
60 20
30 10
0 0
-30 -10
-20

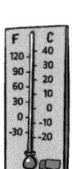

Termometer
....
termometar

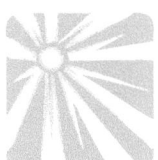

Sončna svetloba
....
sunčana svetlost

Oblak
....
oblak

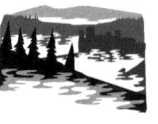

Megla
....
magla

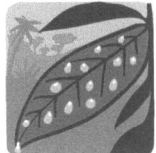

Vlažnost
....
vlažnost vazduha

Strela

munja

Grom

grmljavina

Nevihta

oluja

Toča

tuča

Monsun

monsun

Poplava

poplava

Led

led

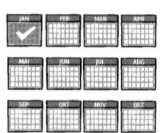

Januar

januar

Februar

februar

Marec

mart

April

april

Maj

maj

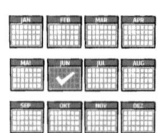

Junij

juni

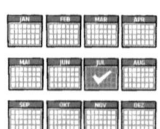

Julij

juli

Avgust

avgust

September
septembar

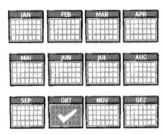

Oktober
oktobar

November
novembar

December
decembar

Oblike
oblici

Krogla
krug

Kvadrat
kvadrat

Pravokotnik
pravougao

Trikotnik
trougao

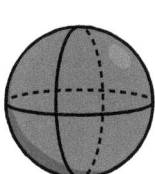

Krogla
kugla

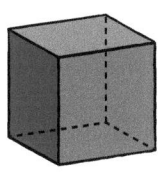

Kocka
kocka

Bela

bela

Rumena

žuta

Oranžna

narandžasta

Rožnata

ružičasta

Rdeča

crvena

Vijolična

ljubičasta

Modra

plava

Zelena

zelena

Rjava

smeđa

Siva

siva

Črna

crna

veliko / malo

mnogo / malo

jezno / umirjeno

ljutito / mirno

lepo / grdo

lepo / ružno

začetek / konec

početak / kraj

veliko / majhno

veliko / maleno

svetlo / temno

svetlo / tamno

brat / sestra

brat / sestra

čisto / umazano

čisto / prljavo

popolno / nepopolno

potpuno / nepotpuno

dan / noč

dan / noć

mrtvo / živo

mrtvo / živo

široko / ozko

široko / usko

užitno / neužitno
....
jestivo / nejestivo

zlobno / prijazno
....
zlo / dobro

vznemirjeno / zdolgočaseno
....
uzbuđeno / dosadno

debelo / vitko
....
debelo / mršavo

prvo / zadnje
....
na početku / na kraju

prijatelj / sovražnik
....
prijatelj / neprijatelj

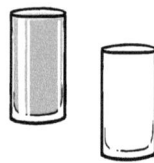

polno / prazno
....
puno / prazno

trdo / mehko
....
tvrdo / mekano

težko / lahko
....
teško / lagano

lakota / žeja
....
glad / žeđ

bolano / zdravo
....
bolesno / zdravo

nezakonito / zakonito
....
ilegalno / legalno

pametno / neumno
....
pametno / glupo

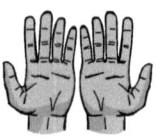

levo / desno
....
levo / desno

blizu / daleč
....
blizu / daleko

Nasprotja - suprotnosti

novo / rabljeno

novo / polovno

nič / nekaj

ništa / nešto

staro / mlado

staro / mlado

vklopljeno / izklopljeno

uključeno / isključeno

odprto / zaprto

otvoreno / zatvoreno

tiho / glasno

tiho / glasno

bogato / revno

bogato / siromašno

prav / narobe

tačno / pogrešno

grobo / gladko

hrapavo / glatko

žalostno / veselo

tužno / sretno

kratko / dolgo

kratko / dugo

počasi / hitro

polako / brzo

mokro / suho

mokro / suho

toplo / hladno

toplo / hladno

vojna / mir

rat / mir

Nasprotja - suprotnosti

Števila
brojevi

0

Ničla

nula

1

Ena

jedan

2

Dva

dva

3

Tri

tri

4

Štiri

četiri

5

Pet

pet

6

Šest

šest

7

Sedem

sedam

8

Osem

osam

9

Devet

devet

10

Deset

deset

11

Enajst

jedanaest

12

Dvanajst
....

dvanaest

13

Trinajst
....

trinaest

14

Štirinajst
....

četrnaest

15

Petnajst
....

petnaest

16

Šestnajst
....

šestnaest

17

Sedemnajst
....

sedamnaest

18

Osemnajst
....

osamnaest

19

Devetnajst
....

devetnaest

20

Dvajset
....

dvadeset

100

Sto
....

stotinu

1.000

Tisoč
....

hiljadu

1.000.000

Milijon
....

milion

Angleščina

engleski

Ameriška angleščina

američki engleski

Mandarinščina

mandarinski kineski

Hindujščina

hindski

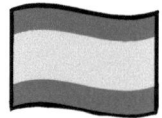

Španščina

španski

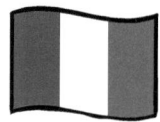

Francoščina

francuski

Arabščina

arapski

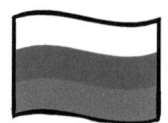

Ruščina

ruski

Portugalščina

portugalski

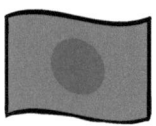

Bengalščina

bengalski

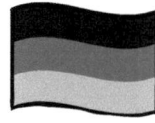

Nemščina

nemački

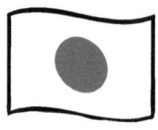

Japonščina

japanski

Jaz

ja

Ti

ti

On / ona / tisto

on / ona / ono

Mi

mi

Vi

vi

Oni

oni

Kdo?

Ko?

Kaj?

Šta?

Kako?

Kako?

Kje?

Gde?

Kdaj?

Kada?

Ime

ime

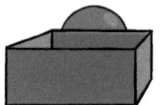

Zadaj

iza

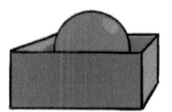

V

u

Pred

ispred

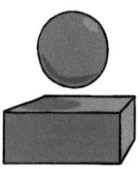

Nad

preko

Na

na

Pod

ispod

Poleg

pored

Med

između

Kraj

mesto